PUBLICATION
DU GOUVERNEMENT
DE LA
COCHINCHINE

SERVICES AGRICOLES

JARDIN BOTANIQUE
RIZICULTURE — MOTOCULTURE
STATIONS D'ESSAIS
LABORATOIRES
DE GÉNÉTIQUE ET DE CHIMIE
SÉRICICULTURE
ÉCOLE D'AGRICULTURE

NOTIONS sur le SOL & LES ENGRAIS EN COCHINCHINE

par

P. BUSSY

Directeur du Laboratoire des Services Agricoles

SAIGON
IMPRIMERIE NOUVELLE ALBERT PORTAIL
1923

PUBLICATION
DU GOUVERNEMENT
DE LA
COCHINCHINE

SERVICES AGRICOLES
JARDIN BOTANIQUE
RIZICULTURE — MOTOCULTURE
STATIONS D'ESSAIS
LABORATOIRES
DE GÉNÉTIQUE ET DE CHIMIE
SÉRICICULTURE
ÉCOLE D'AGRICULTURE

NOTIONS
sur le
SOL & LES ENGRAIS
EN COCHINCHINE

par

P. BUSSY

Directeur du Laboratoire des Services Agricoles

SAIGON
IMPRIMERIE NOUVELLE ALBERT PORTAIL
1923

LE SOL ET LES ENGRAIS

EN COCHINCHINE

L'agriculteur en Cochinchine, qu'il se consacre à la culture du riz dans les terres humifères de l'Ouest ou à une culture riche dans les terrains de forêts qui couvrent les provinces de l'Est, devra avant tout, s'assurer que le sol sur lequel il veut se fixer répond bien aux exigences des récoltes qu'il se propose de produire. C'est ainsi que dans l'Ouest, l'eau devra pouvoir s'évacuer en temps normal ; par conséquent, le sous-sol devra posséder une perméabilité suffisante. L'eau de mer ne devra pas avoir accès.

Le sous-sol ne devra pas être aluné.

Dans l'Est, il faut attacher une grande importance à la déclivité du terrain. Si celle-ci est trop accentuée, le sol défriché et cultivé sera vite lavé par les grosses ondées de la saison des pluies, provoquant ainsi une perte notable d'humus et d'éléments fins comme l'argile.

La profondeur du sous-sol et sa perméabilité sont aussi des facteurs non négligeables pour les cultures arbustives comme l'hévéa, le caféier, le kolatier et autres.

En terre de rizière ou en terrain de plateau, on devra toujours attacher une très grande importance à la composition physique du sol et du sous-sol ainsi qu'aux réserves d'éléments fertilisants.

Ces renseignements seront fournis par le *Laboratoire Agricole*.

Pour que ceux-ci aient une utilité, il faut que les prélèvements d'échantillons soient faits avec tous les soins désirables.

PRISES D'ÉCHANTILLONS Le cultivateur devra tout d'abord bien posséder le relief de son terrain et prélever autant d'échantillons distincts qu'il sera nécessaire. Si ce terrain est en pente, il est tout indiqué que la composition du sol des parties élevées différera de celle des parties moyennes et des parties basses. Si une cuvette existe, la terre du fond de la cuvette aura une composition tout autre que celle des bords.

En un mot, il faut prélever autant d'échantillons distincts qu'il y a de sortes de terrain.

Il sera bon de veiller à ce que les endroits où les prises doivent être faites, n'aient pas été souillés par des dépôts de fumier, des déjections animales, tas d'immondices ou autres. Ceci est de la plus grande importance, car l'accumulation en tels endroits de produits fertilisants entacherait d'erreur toutes les analyses.

Nous conseillons la pratique suivante pour les prises d'échantillons :

Faire dans la concession des lots ayant en apparence la même composition physique ; Dans chacun d'eux, on fera des prélèvements d'échantillons sur les diagonales qui réunissent les principaux sommets du polygone représentant la configuration du lot.

Le nombre de ces prélèvements sera fonction de l'étendue du lot et de son homogénéité.

A l'endroit choisi pour une prise, il faut débarrasser le sol de sa végétation par un grattage superficiel à l'aide d'une houe.

On creusera un trou de 40 à 50 centimètres de côté en taillant les bords à pic. La profondeur variera avec l'épaisseur du sol (en général de 15 à 30 c/m.). Dans le fond du trou, qui aura été bien nettoyé, on étendra une toile très propre et sur cette toile on laissera tomber une bande de terre de 10 centimètres d'épaisseur qu'on aura détachée d'un des côtés du trou à l'aide d'une bêche. On sortira la toile du trou avec ce qu'elle contient et on prélèvera 1 kilo environ de la terre recueillie qu'on placera dans un sac neuf portant la marque « Sol ». Le reste sera rejeté.

Pour prélever un échantillon du sous-sol, on continuera de creuser le trou à une profondeur de 60 c/m. environ, on placera à nouveau la toile, préalablement bien secouée, dans le fond et, comme précédemment, on fera tomber une tranche de 10 c/m. d'épaisseur qui, après mélange, fournira un échantillon de 1 kilo qu'on placera dans un second sac neuf portant la marque « Sous-sol ».

Tous les échantillons du sol seront donc dans le premier sac et tous les échantillons du sous-sol dans le second.

Rentré au logis, on videra le sac portant la marque « Sol » sur une natte bien propre. On fera un mélange aussi homogène que possible, puis on prélèvera 2 à 3 kilos. Ceci formera l'échantillon destiné au laboratoire. Il en sera de même avec le contenu du sac portant la marque « Sous-sol ».

Les emballages des échantillons destinés à l'analyse seront soignés de telle sorte qu'ils ne puissent être souillés en cours de route. *Ils devront porter très lisiblement tous les renseignements désirables à savoir :*

Le lieu exact de prélèvement ;
La profondeur du sol ;
La profondeur du sous-sol ;
La végétation portée par le sol.

Enfin, toutes les particularités qui auront un intérêt quelconque.

DE L'ANALYSE DES TERRES

L'analyse des terres comporte :

1° Une analyse physique ;

2° Une analyse chimique.

L'analyse physique donnera des indications sur les élément constitutifs du sol et du sous-sol : sable, argile, calcaire, humus, etc...

L'analyse chimique fixera le colon sur la richesse de sa terre en éléments fertilisants : azote, acide phosphorique, potasse et chaux.

Elle pourra parfois fixer les causes de stérilité qui peuvent être dues à l'absence ou à l'insuffisance d'un ou de plusieurs éléments fertilisants, à la présence de sulfates et de sulfure de fer (terre alunée), à un excès de chlorures et de matières organiques, etc...

DES DIFFÉRENTES NATURES DE TERRES ARABLES

Selon que l'un des éléments sable, argile, chaux et matières organiques dominera, les terres seront classées en :

Terre siliceuse ;
— **argileuse ;**
— **calcaire ;**
— **silico-argileuse ;**
— **argilo-siliceuse ;**
— **silico-calcaire ;**
— **argilo-calcaire ;**
— **humifère ;**
— **franche.**

Cette dernière désignation s'applique à la terre idéale où le sable, l'argile, le calcaire et l'humus existent tous en quantités normales. Si le sous-sol sur lequel repose une terre franche est suffisamment perméable, celle-ci sera d'une grande fertilité.

CHIMIQUEMENT Une terre est considérée comme manquant d'azote si elle n'en contient pas environ 1 ‰. Les terres les mieux pourvues d'azote sont les terres humifères, les terres argileuses et les terres franches.

Les terres siliceuses et silico-argileuses sont généralement très pauvres en azote.

L'acide phosphorique existe dans toutes les terres, mais les combinaisons dans lesquelles il entre le rendent plus ou moins assimilable.

Une terre, pour posséder une réserve d'acide phosphorique suffisante, doit en contenir environ 1 ‰.

Les terres les mieux pourvues d'acide phosphorique sont les terres rouges des provinces de Baria, de Bienhoa et de Thudaumot, les terres humifères et quelquefois les terres argilo-calcaires. Les terres siliceuses en manquent presque toujours.

Dans les terres rouges, l'acide phosphorique est en grande partie combiné au fer; de ce fait, il est peu assimilable. On peut augmenter cette assimilabilité en faisant des apports d'engrais organiques.

La potasse se rencontre surtout en quantité suffisante (2 à 3 ‰) dans les terres franches, les terres argileuses, les terres humifères ainsi que dans les terres argilo-calcaires. Les terres siliceuses et silico-argileuses en manquent toujours.

La chaux manque dans tous les sols cochinchinois surtout dans les terres siliceuses.

AMÉLIORATION DU SOL PAR LES AMENDEMENTS On peut, par des amendements bien appropriés, modifier partiellement l'état physique du sol et même l'améliorer chimiquement.

Ainsi des apports de terre sableuse corrigeront utilement une terre trop argileuse.

Un amendement calcaire enrichera le sol en chaux. Cet apport de chaux, par amendement, n'est toutefois à conseiller que si la terre est riche en principes organiques et par suite en azote. Des apports de chaux, par amendement, auront aussi pour effet de corriger l'acidité de certains sols.

AMÉLIORATION DU SOL PAR FAÇONS CULTURALES Pour qu'une terre soit apte à produire de bonnes récoltes, il faut lui donner des façons culturales qui auront pour résultat de détruire les mauvaises herbes, de rendre le sol perméable et de lui donner de grandes réserves d'air et d'eau, éléments indispensables à une bonne végétation.

Ces travaux se réduisent généralement en Cochinchine à des labours superficiels et au passage de cultivateurs et de herses.

Les travaux culturaux qui produiront le plus d'effet sont ceux qui se feront en saison sèche. Les herbes seront alors vite détruites et la formation d'une couche superficielle bien ameublie par des hersages protègera le sous-sol des effets de la sécheresse.

Il nous a été donné de constater qu'un sol très siliceux, et par conséquent très perméable, qui avait été labouré et hersé jusqu'en mars, possèdait à cette époque d'extrême sécheresse et à 10 c/m. de profondeur seulement, une humidité telle que la terre se moulait très facilement dans les mains.

Avec la traction animale dont on dispose en Cochinchine, on ne peut pas faire de labours profonds. Si, pour modifier le sol, on veut, par de gros labours, amener en surface une partie du sous-sol, on ne pourra y parvenir qu'avec la traction mécanique.

Des essais de culture mécanique sont actuellement en voie d'exécution dans la plaine de Cau-An-Ha, on ne pourra en tirer des instructions utiles que dans quelques années, quand les effets de labours répétés auront suffisamment modifié la nature du sol. On peut espérer qu'ils auront, pour premier effet, de faire disparaître les sels acides qui rendent ces terres incultes.

DRAINAGE En Cochinchine, le drainage ne s'impose guère que dans certains terrains de l'Ouest dont le sous-sol argileux se sature facilement de sels acides (sulfate double de fer et d'alumine).

Ce drainage consiste simplement en creusement de canaux qui se déversent dans les arroyos voisins.

Les terres de Cochinchine

Le Laboratoire d'Analyse a publié, en 1920, dans le *Bulletin de l'Institut Scientifique* une étude sur les terres de la Cochinchine qui trouve ici sa place. Nous la reproduisons ci-dessous :

La Cochinchine, formée par les deltas du Mékong, des deux Vaïcos et du Donaï, a son sol constitué en grande partie par les alluvions de ces grands cours d'eau.

Les plus modernes de ces alluvions ont formé les provinces maritimes de Baria, Cholon, Gocong, Bentré, Travinh, Soctrang, Baclieu, Rachgia et Hatien. Des dépôts plus anciens, mais ayant sensiblement la même composition, ont formé les riches plaines des provinces de Vinhlong, Mytho, Tanan, Sadec, Longxuyên et Chaudoc.

Enfin, les provinces de Giadinh, Bienhoa et Tayninh, situées à l'Est, formées de plateaux découpés par les vallées du Donaï et de ses affluents, ont un sol provenant de la désagrégation des roches sur place ou d'alluvions beaucoup plus anciennes, dont la composition est toute différente de celles des provinces de l'Ouest.

A ces plateaux d'alluvions anciennes succèdent, vers l'Est, des terres d'origine basaltique formant la zone des terres rouges, réputées par leur très grande fertilité.

1° *TERRES D'ALLUVIONS MODERNES OU TERRES DE RIZIÈRES*

Elles occupent tout l'Ouest de la Cochinchine et les fonds des vallées des deux Vaïcos, du Donaï et de leurs affluents.

a) *Terres d'origine maritime récentes.* — Exemptes de cailloux et de graviers, elles se composent d'éléments très fins qui se sont déposés fort lentement; souvent inondées par les crues fluviales et par les fortes marées, il y a eu coagulation lente et progressive des limons tenus en suspension dans les eaux fluviales Cette coagulation a pu s'effectuer au con tact des eaux salées.

Comme type de ces terres très fertiles, nous donnons les analyses d'échantillons prélevés dans les provinces de Gocong et Bentré.

	COMPOSITION POUR MILLE PARTIES DE TERRE BRUTE SÉCHÉE A 100°									
	Terre de Gocong								Terre de Bentré	
	1		2		3		4		5	
	sol	sous-sol	sol	sous-sol	sol	sous-sol	sol	sous-sol	sol	sous-sol
Analyse physique										
Cailloux et graviers	néant	néant	néant	néant	néant	néant	néant	néant	néant	néant
Sable siliceux . .	454,8	524,6	435,0	429,2	481,3	508,0	468,6	447,0	494,4	523,5
Argile	513,1	459,0	537,8	555,8	493,5	477,6	493,2	536,0	447,3	454,8
Calcaire. . . .	néant	néant	néant	néant	néant	néant	néant	néant	néant	néant
Débris organiques	23,0	13,4	21,5	12,4	20,7	12,4	27,0	13,8	36,1	18,5
Humus	9,1	3,0	5,7	2,6	4,5	2,0	11,2	3,2	22,2	3,2
Analyse chimique										
Azote	1,38	0,47	1,28	0,52	1,05	0,47	1,53	0,63	2,77	0,82
Acide phosphorique	0,36	0,59	0,45	0,79	0,35	0,56	0,90	1,30	4,17	0,34
Potasse. . . .	4,71	5,08	4,23	4,58	3,30	3,10	5,22	6,01	3,44	2,13
Chaux	1,54	2,24	2,15	2,94	1,96	1,99	1,43	2,02	2,04	1,82
Magnésie . . .	4,70	4,95	3,50	3,75	2,05	2,45	7,05	7,50	2,72	2,45

LIEU DE PRISES DES ÉCHANTILLONS

Gocong

VILLAGE	CANTON
1° Yen-luong dong.	Hoa-dong-ha.
°Tan-duân-trung.	Hoa-lac-ha.
3° Thuan-ngai.	»
4° Tan-thanh.	»

Bentré

RIZIÈRE DE PHU-HAY

An hoi.	Bao-huu.

On voit par l'examen de ces résultats que, dans le sol comme dans le sous-sol, la proportion d'argile est considérable (50 % environ). Cela explique la grande compacité de ces terres et l'impossibilité de les travailler, avec les instruments dont disposent les indigènes, avant qu'elles n'aient été longuement détrempées.

Ce détrempage par les pluies se réalise grâce à l'imperméabilité du sous-sol.

Il y a lieu d'espérer que les progrès de la culture mécanique apporteront bientôt de nouvelles méthodes dans le travail de ces terres qui gagneraient beaucoup à être labourées dès l'enlèvement des récoltes, alors que l'humidité du sol est encore suffisante.

Dans ces terres, l'humus existe en quantité appréciable et les réserves de matières organiques sont très importantes, sourtout dans celle de Bentré, où leur total atteint 58,3 ‰ dans le sol et 21,7 ‰ dans le sous-sol.

Les conclusions à tirer des analyses chimiques sont les suivantes :

L'azote est partout en quantité très suffisante dépassant dans le sol 1 ‰ de terre sèche, cette teneur en azote est particulièrement élevée dans les terres de Bentré (2,77 ‰). Les réserves du sous-sol en azote sont très suffisantes.

L'acide phosphorique fait partout défaut.

Les engrais phosphatés sont à recommander. Les apports de phosphates naturels auraient un effet excellent, par suite de l'action solubilisatrice de la matière organique sur le phosphate de chaux.

La potasse totale (soluble dans l'acide nitrique à chaud) existe en quantité appréciable dans toutes ces terres. Sa teneur n'est nulle part inférieure à 3 gr. par kilog. de terre sèche. Le titre est généralement plus fort dans le sous-sol que dans le sol ; les réserves en sont inépuisables. Cette potasse est en majeure partie en combinaison avec la silice et l'alumine de l'argile.

La chaux manque partout.

Fait à noter : dans le sol comme dans le sous-sol, le taux de magnésie est plus élevé que celui de la chaux. Ceci est très fréquent en Cochinchine.

Dans de tels sols, les amendements calcaires sont à conseiller ; ils auront pour effet d'activer la nitrification de l'azote organique et de solubiliser une certaine proportion de potasse.

b) *Terres d'origine maritime plus anciennes.* — La composition des terres de Gocong et de Bentré est sensiblement celle de toutes les terres des provinces maritimes de l'Ouest. Dans les provinces du centre, la proportion d'argile est souvent moins forte, par suite du lessivage continu qu'elles ont subi dans le cours des siècles : la matière organique à ses différents stades de décomposition est toujours assez abondante ; les teneurs en azote et en potasse sont largement suffisantes, mais l'acide phosphorique et la chaux font toujours défaut.

Partout, les engrais phosphatés et les amendements calcaires sont à conseiller.

c) *Terres alunées.* — Connues sous le nom de « PLAINE DES JONCS », elles occupent de vastes surfaces dont le centre est la province de Tanan et s'étendent sur les territoires de Chaudoc, Longxuyen, Sadec, Mytho et Giadinh.

Il existe d'autres taches isolées dans les diverses provinces de l'Ouest de la Cochinchine.

Ces terres, à réaction fortement acide, sont impropres à toute culture. Cette acidité provient de la présence de sulfates de fer et d'alumine.

Ces sels acides ont pour origine des schistes pyriteux qui existent dans le sous-sol. Les sulfures, qui sont en contact avec la matière organique humide (ces terres étant très humifères), s'oxydent et se transforment en sulfates éminement solubles. Par capillarité, les eaux les amènent à la surface. En saison sèche, l'évaporation devenant très active, on voit ces sels former des efflorescences à la surface du sol. Le moyen le plus pratique d'en débarrasser ces terres consiste dans le creusement de nombreux canaux destinés à recevoir les eaux pluviales chargées de sels et à les évacuer dans les fleuves voisins.

Déjà, de vastes régions sont devenues fertiles, grâce à ce procédé.

On a aussi préconisé des marnages fréquents et abondants ; mais ce procédé paraît trop onéreux dans ce pays où la chaux est rare Voici deux analyses de terres alunées :

	COMPOSITION pour mille parties de terre brute séchée à 100°	
	1	2
Analyse physique		
Cailloux et graviers	néant	néant
Sable	562.25	191.36
Argile	233.90	141.59
Carbonate de chaux	0.70	0.36
Sulfate d'alumine hydraté . . .	27.44	12.37
Sulfate de protoxyde de fer hydraté.	24.51	11.62
Matières organiques	131.20	612 80
Humus	20.00	29.90
	1.000 00	1.000.00
Analyse chimique		
Azote	1.82	1.82
Acide phosphorique	0.10	0.10
Potasse.	1.29	3.73
Chaux	0.39	0.36
Magnésie	0.15	0.15
Perte au rouge	209.20	752.10
Sels solubles dans l'eau — chlore.	traces	traces
Sels solubles dans l'eau — protoxyde de fer	6.35	3.01
Sels solubles dans l'eau — alumine	4.12	1.85
Sels solubles dans l'eau — acide sulfurique (en SO_3)	17.25	7.94
Acidité évaluée en SO_4H_2 . . .	17.16	10.78

Le deuxième échantillon est formé par un amas de matières organiques d'origine végétale mélangées à de la terre.

d) *Terres de vallées.* — Dans les provinces de l'Est, les alluvions modernes forment le fond des vallées.

Elles sont, en général, moins argileuses que celles de l'Ouest. Les éléments grossiers sont représentés par des cailloux et des graviers siliceux ; quelquefois, ce sont des mélanges de sable et de débris organiques. Ces terres sont généralement faciles à travailler.

Outre la culture du riz, l'indigène y pratique celle de la canne à sucre, du maïs, des patates et de tous les légumes qui entrent dans son alimentation.

Voici l'analyse de quelques échantillons :

	Composition pour mille parties de terre brute séchée à 100°			OBSERVATIONS
	1	2	3	
Analyse physique				
Cailloux et graviers siliceux	86.40	62,50	38,05	1° Echantillon prélevé dans la vallée du song Cai au hameau de Bamoï, canton de Thanh-tuy-thuong (Bien-hoa).
Sable.	457,13	613,73	445,61	
Argile	434,87	197,35	414,42	
Calcaire.	1,00	0,86	0.72	
Débris organiques .	19,50	99.70	83,50	
Humus.	1,10	25,86	17,70	
	1.000,00	1.000,00	1.000,00	
Analyse chimique				
Azote	0,631	2,892	3,309	2° Terre de Nha-Be.
Acide phosphorique. .	1.731	0,198	0.367	
Potasse.	0,542	1,224	1,874	3° Terre de Nha-Be.
Chaux.	0.512	0,482	0.398	
Magnésie.	0,685	0,095	0,055	

Le premier échantillon est celui d'une terre silico-argileuse où la matière organique n'est pas très abondante ; sa richesse en humus est faible.

L'azote, la potasse et la chaux font défaut ; par contre, l'acide phosphorique existe en quantité très suffisante, ce qui est dû à des apports de limon des terres rouges que traverse le song Caï dans son cours supérieur.

Le deuxième échantillon est un type de terre sablo-humifère.

L'azote y est très abondant, l'acide phosphorique et la chaux font défaut ; quant à la potasse, elle existe en quantité presque suffisante.

Comme le premier échantillon, le troisième est silico-argileux ; mais il en diffère par sa forte teneur en matières organiques totales.

Très bien pourvue d'azote et de potasse, cette terre manque d'acide phosphorique et de chaux.

En résumé, les terres d'alluvions modernes, qui forment le premier groupe sont généralement très fertiles. Elles gagneraient cependant à être travaillées avec des instruments à grande puissance, et à une époque de l'année où l'humidité du sol est encore suffisante. Elles sont particulièrement sensibles aux apports d'engrais calcaires et phosphatés.

2° *TERRES D'ALLUVIONS ANCIENNES OU TERRES GRISES*

Ces dépôts anciens ont formé les plateaux des provinces de l'Est. On les connaît en Cochinchine sous le nom de « **terres grises** ».

Ils sont composés d'éléments beaucoup plus grossiers que les terres du groupe précédent.

La couche de terre grise, d'une épaisseur très variable, repose forts souvent sur un lit sédimentaire formé d'une roche tendre et ferrugineuse (latérite), connue en Cochinchine sous le nom de « **pierre de Bienhoa** ». Dans cette région, les affleurements qui en permettent l'exploitation avantageuse sont très nombreux. Elle est utilisée pour l'empierrement des routes.

Les plateaux de terre grise portent généralement une végétation forestière dont l'intensité est très variable.

Dans les régions bien peuplées, ces terres sont cultivées en tabac, canne à sucre et plantes vivrières diverses ; dans les pays peu habités, la brousse est formée tantôt de buissons épineux au milieu des vastes clairières, tantôt d'une forêt plus ou moins dense.

Depuis une quinzaine d'années, plusieurs milliers d'hectares ont été transformés en plantations d'hévéas. Ces plantations sont d'autant plus belles que la forêt qui occupait primitivement le terrain était plus luxuriante.

Dans les régions dénudées, la végétation de l'hévéa est mauvaise.

Très perméables, les terres grises sont tantôt siliceuses, très souvent silico-argileuses et rarement argileuses. Elles contiennent presque toujours des éléments grossiers formés des cailloux et de graviers siliceux. Elles sont généralement assez pauvres en éléments fertilisants.

Leur teneur en principes organiques varie avec la végétation qu'elles supportent.

Nous donnons ~~page 7~~, à titre documentaire, plusieurs analyses de ces terres dont les échantillons ont été prélevés dans des régions à végétation d'intensités différentes.

Les deux premiers échantillons, prélevés dans les terrains ne portant qu'une maigre végétation herbacée, manquent de tous les éléments nécessaires à la bonne croissance des végétaux. Ces terres ne peuvent être mises en culture qu'avec d'importantes fumures.

Le troisième échantillon n'est guère meilleur que les deux premiers, cependant, la petite brousse qui existe a donné au sol de légères réserves de matières organiques.

Le n° IV est un type de terre forestière où une végétation intense a pu accumuler de sérieuses réserves de matières organiques dont une partie est déjà passée à l'état d'humus.

	1	2	3	4	OBSERVATIONS
Analyse physique					
Cailloux siliceux. .	néant	néant	néant	néant	Lieu de prélèvement : 1° Province de Giadinh, canton d'Anthuy, village de Tanninh, près du village de Dian et des ateliers du Chemin de fer. Pas de végétation arbustive. Terrain de pâturage : 2° Province de Thudaumot, canton de Binh-chanh, village de Binh-thuân. Pas de végétation arbustive ; 3° Province de Biet.hoa, canton de Thanh-tuy-ha. Forêt clairière : 4° Province de Biên-hoa, région d'Anbinh. Belle forêt.
Gravier siliceux. .	19 70	40.00	15 16	6.11	
Sable.	776.08	733.84	843 45	583 95	
Argile.	180.65	215 77	129.75	368.88	
Calcaire.	0.24	0 43	0.11	0 51	
Débris organiques .	4.42	4 58	10.23	34 79	
Humus	0 96	0.18	1.00	5.76	
Analyse chimique					
Azote	0.363	0.130	0.456	1.140	
Acide phosphorique	0.162	0.110	0 082	0.289	
Potasse.	0 439	0.420	0.102	0.353	
Chaux.	0.135	0.240	0.041	0 287	
Magnésie	0.134	0 240	0.010	0 073	

L'azote existe en quantité très suffisante, mais l'acide phosphorique, la potasse et la chaux manquent.

Pour nous résumer, nous dirons que les terres grises sont des terres faciles à travailler, mais dont la mise en culture nécessitera des fumures abondantes. Dans ces terres, manquant très souvent d'humus, l'emploi du fumier de fermes et de composts phosphatés et potassiques sont à recommander.

3° ***TERRES ROUGES*** Ce troisième groupe des terres de Cochinchine forme, dans les provinces de Baria, Bienhoa et Thudaumot, une zone d'orientation générale Nord-Nord - Ouest-Sud - Sud-Est.

On les rencontre dans les provinces de Baria, à l'Est du chef-lieu ; la ligne du chemin de fer Saigon-Khanhhoa les traverse sur une largeur d'une vingtaine de kilomètres entre les stations de Dau-Giây et de Giaray ; elles deviennent discontinues dans la vallée du Donnai ; on les voit reparaître au Nord de ce fleuve vers l'Est d'An-Binh, puis, passant par Xa-Trach et Locninh, elles remon tent vers le Cambodge.

Nous ne nous occupons ici que des terres rouges de Cochinchine, bien que des formations analogues existent au Darlac, au Cambodge, en Annam et au Laos.

On attribue généralement aux terres rouges une origine volcanique.

Les pyroxènes dont sont composées les roches basaltiques sont riches en silicates de fer et cela explique l'abondance de ce métal dans les terres rouges. Celles-ci sont en effet de véritables minerais de fer, trop pauvres cependant pour être exploités avec profit (10 à 15 % de fer métallique correspondant à 14 à 21 % de peroxyde de fer, Fe^2O^3).

Dans les terres rouges, le fer se trouve en grande partie à l'état d'hématite, de limonite ou hématite brune. On y rencontre de l'oxyde magnétique facile à déceler à l'aide d'un simple aimant. Comme tous les minerais de fer, les terres rouges contiennent de l'acide phosphorique et du manganèse en quantité appréciable. La fertilité bien connue des terres rouges est pour une large par attribuable à leur richesse en acide phosphorique. Celui-ci accompagne toujours le fer avec lequel il forme des combinaisons insolubles de réserves ; cependant, les matières organiques du sol, de même que les carbonates alcalins et alcalino-terreux employés comme engrais, sont susceptibles de les faire entrer dans les combinaisons solubles qui peuvent être alors absorbées par les racines.

Terres rouges de la région de Baria

	COMPOSITION POUR MILLE PARTIES de terre brute séchée à 100°						
	1	2	3	4	5	6	7
Analyse physique							
Cailloux siliceux	néant	néant	néant	néant	néant	265,00	néant
Gravier siliceux	néant	38,00	471,50	121,76	25,00	45,00	8,00
Sable	363,60	»	»	»	249,25	290,20	289.75
Argile.	614,80	»	»	»	688,25	358,47	665,20
Carbonate de chaux	0,80	»	»	»	0,90	1,21	2,25
Débris organiques	19,70	»	»	»	35.00	37.26	34,00
Humus	1,10	»	»	»	1,60	2,86	0,80
	1000,00				1000,00	1000,00	1000,00
Analyse physique							
Azote.	0,753	1,060	0,707	0,865	1,300	0,920	1,190
Acide phosphorique	6 392	2,096	2,947	6,307	3,610	2,260	4,060
Potasse.	0,678	1,255	0,814	0,915	0,510	1,100	0,470
Chaux	0,448	0,525	0,250	0.420	0,500	0,670	1,260
Magnésie	0,400	1,100	0,900	0.600	0,310	0,240	4,000

1. Région de Xuânloc sur la province de Baria. 2. Village Moï de Binh-bao ; 3. Village de Long-xuân ; 4. Région de Longeo ; 5, 6 et 7.

Des expériences sur la question ont été effectuées, en 1905, au Laboratoire de Chimie de Saigon à l'aide d'échantillons prélevés dans la région de Xuan-loc (Bienhoa). Nous avons recherché la solubilité de l'acide phosphorique dans le citrate d'ammoniaque et l'acide acétique ; le premier de ces réactifs n'a aucune action dissolvante, le second n'a pu libérer de ses combinaisons insolubles que 0,88 % de l'acide phosphorique total.

Des essais similaires, pratiqués en France sur un échantillon de terre originaire du département de Seine-et-Oise, titrant 1,69 ‰ d'acide phosphorique total, ont montré que le citrate d'ammoniaque dissolvait 16,56 % de l'acide phosphorique total, et l'acide acétique 36,80 %.

On voit par là combien est peu assimilable l'acide phosphorique des terres rouges.

	Composition pour mille parties de terre brute séchée à 100°							Observations
	1	2	3	4	5	6	7	
Analyse physique								1· Terre du Nui Chua-Chan ; 2· Terre d'Anloc le long de la ligne du chemin de fer ; 3· Terre de Xuân-loc ; 4· Terre de Phuoc-thanh entre le km. 39 et le km. 40 de la route Chesne ; 5·, 6· Terres de Suzannah ; 7· Terre de Xuân-loc.
Cailloux ferrugineux et siliceux et graviers	»	»	8,00	5 05	»	»	»	
Sable	»	»	375,88	180,34	316,60	265.00	429,33	
Argile	»	»	588,21	779,48	643,05	689,50	458,32	
Calcaire	»	»	0,81	0,70	0,75	0,70	0,35	
Débris organiques	»	»	26,00	33,63	39,00	43,80	109,00	
Humus	»	»	1,10	0,80	0,60	1,00	3,00	
Analyse chimique								
Azote	2,120	1,210	0,565	1,510	2,390	1,700	3,330	
Acide phosphorique	1,720	9,810	3,650	3,520	7,250	4,250	4,190	
Potasse	0,270	1,100	0,441	0,470	0,760	0,660	0,810	
Chaux	2,040	1,600	0 450	0,390	0 420	0,390	0,200	
Magnésie	0,450	0,350	0,250	0,100	0,150	0,100	0,500	
Manganèse	»	»	2,291	»	2,110	2,310	»	
Oxyde de fer	»	»	196,778	»	»	»	»	

Au fur et à mesure de l'épuisement en matières organiques, on pourra utiliser les cendres de bois qui contiennent des carbonates de potasse et de chaux, et les madrépores qui sont constitués en grande partie par du carbonate de chaux, pour solubiliser une partie de ces grosses réserves d'acide phosphorique.

Le carbonate de chaux exercera en même temps, par double décomposition, une action utile sur le chlorure et le sulfate de potasse qui pourraient être si avantageusement employés comme engrais, ces terres manquant généralement de potasse.

Les essais tentés en Europe sur l'emploi de sels de maganèse à faible dose comme engrais catalytiques, nous font penser que la présence de ce corps en quantité notable dans les terres rouges est également un des facteurs concourant à leur fertilité.

Physiquement, les terres rouges sont argilo-siliceuses sur toute leur grande épaisseur ; c'est à leur forte teneur en argile (40 à 70 %), qu'elles doivent, pour une large part, la propriété de retenir une très grande humidité en saison sèche.

Elles contiennent une proportion très variable d'un gravier siliceux et fortement ferrugineux.

Ce gravier est fort abondant dans les environs de Baria, mais il devient de plus en plus rare à mesure qu'on s'éloigne de la chaîne annamitique pour disparaître complètement dans la région d'Honquang.

Terres rouges de la province de Thudaumot

	COMPOSITION POUR MILLE PARTIES DE TERRE BRUTE SÉCHÉE A 100°						OBSERVATIONS
	1	2	3	4		5	
				sol	sous-sol		
Analyse physique							**Origine:** 1· Terre de Xa-trach. 2· et 3· Région au Nord Honquang. 4· A gauche de la route avant Honquang. 5· Région de Honquang.
Cailloux et gravier ferrugineux	40,60	»	»	»	»	»	
Sable	»	422,75	343,45	206,00	177,40	528,40	
Argile	»	526,40	613,00	750,80	806,40	455,94	
Calcaire	»	3,65	2,75	0,80	0,60	1,66	
Débris organiques	4,15	43,00	40,80	40,40	14,60	13,40	
Humus	»	4,20	traces	2,00	1,00	0,60	
Analyse chimique							
Azote	1,325	2,414	1,070	1,764	0,794	1,323	
Acide phosphorique	1,651	8,573	5,333	1,735	1,586	1,041	
Potasse	1,102	1,200	0,939	0,474	0,373	2,373	
Chaux	0,504	2,040	1,540	0,448	0,336	0,932	
Magnésie	0,350	0,800	1,400	0,117	0,141	0,761	

Au point de vue chimique, les terres rouges ne manquent que très rarement d'azote, jamais d'acide phosphorique, mais elles sont généralement pauvres en potasse et en chaux.

La végétation spontanée des terres rouges est luxuriante. C'est tantôt de grandes plaines de tranh (imperata) comme dans la région de Baria, tantôt l'épaisse forêt, comme dans la province de Biênhoa, ou parfois le bambou comme à Xa-Trach et Loc-Ninh.

Toutes les cultures riches sont possibles dans les terres rouges bien défrichées.

En Cochinchine, de grandes surfaces ont déjà été mises en valeur.

De vastes plantations d'hévéas y prospèrent admirablement; le caféier donne des résultats superbes à Suzannah (province de Bienhoa) ; le cocotier fructifie d'une façon surprenante. Des essais de tabac tentés jadis par Monsieur Cazeau ont été très concluants. Les Moïs font des rays en terres rouges pour cultiver le paddy ; ils obtiennent d'excellents rendements.

On voit que ces terres contiennent quelquefois des porportions de gravier ferrugineux considérables (47,15 %) dans l'échantillon 3 de la région de Longxuyên. D'autres, par contre, n'en contiennent pas du tout.

Comparées aux terres de la région de Baria, celles de Suzannah, Anloc et Xuanloc sont plus compactes. On y rencontre des teneurs en azote et en acide phosphorique plus élevées. Elles manquent toutes de potasse et de chaux.

* * *

II. — Restitution au sol par apports d'engrais

Les tissus des plantes sont composés d'éléments qui, comme le carbone, l'oxygène et l'hydrogène, sont fournis par l'atmosphère et l'eau, d'autres par le sol qui les supporte. Ceux-là sont, pour ne citer que les plus importants et, par conséquent, les plus indispensables, l'azote, l'acide phosphorique la potasse, la soude, la chaux, la magnésie, le fer, l'alumine, le soufre, la silice, etc...

Si on excepte l'azote, l'oxygène, le carbone et l'hydrogène, tous les autres se retrouvent dans les cendres des végétaux.

Comme le carbone, l'azote est quelquefois fourni par l'air ; c'est le cas pour la grande famille des légumineuses, qui, grâce à un dispositif spécial de leurs racines, peuvent fixer directement l'azote atmosphérique.

Certains de ces matériaux seront toujours mis, en quantité illimitée, à la disposition des plantes. Il en est ainsi pour le carbone, l'oxygène, l'hydrogène que fourniront abondamment l'air et l'eau ; la silice, le fer et l'alumine qui se rencontrent toujours en quantités suffisantes dans tous les sols.

Il n'en sera pas de même pour l'azote, l'acide phosphorique, la potasse et la chaux qui sont relativement peu abondants ou qui, par leurs combinaisons quelquefois très stables, ne sont pas assimilables par les plantes.

Il arrivera qu'après plusieurs récoltes, le sol aura épuisé une bonne partie de ces matériaux. Il faudra alors songer à faire une restitution par l'apport d'engrais qui contiendront de fortes proportions d'éléments utiles très assimilables.

Le laboratoire a fait paraître dans le *Bulletin de l'Institut Scientifique* de 1919, une étude sur les engrais en Cochinchine que nous reproduisons ci-dessous avec quelques additions relatives à l'emploi du luc-binh, de la cyanamide et de la sylvinite que l'on trouve maintenant dans le commerce local. Cette étude donnera aux planteurs tous les renseignements nécessaires sur l'utilisation rationnelle des engrais faciles à se procurer sur place.

La liste de ceux-ci est assez longue et notre but est de les bien faire connaître aux cultivateurs.

Ils sont d'origine animale, végétale ou minérale.

1° Engrais d'origine animale

FUMIER DE FERME Le plus important et en même temps le plus abondant est incontestablement le fumier de ferme. De tout temps, l'indigène l'a utilisé pour la culture du tabac, de la canne à sucre et pour la culture maraîchère.

L'Annamite n'apporte généralement aucun soin à sa préparation, il l'abandonne aux intempéries, cause de déperdition appréciable de principes fertilisants.

L'usage chez l'indigène est d'employer le fumier à l'état de poudrette sèche. C'est là une coutume fâcheuse.

Pour qu'il n'y ait pas de déperdition d'azote dans un fumier, il faut que celui-ci reste constamment humide Du fumier exposé longtemps au grand soleil perd du carbonate d'ammoniaque ;

d'autre part, un lavage par les pluies abondantes lui enlève une grande partie de sels solubles tels que nitrates, phosphates, sulfates, chlorures, carbonates, etc...

Le fumier indigène est le plus souvent formé des déjections de bêtes à corne sans addition de litière absorbante.

Un tel fumier bien soigné aurait selon Wolf la composition suivante :

Humidité	77,50 %
Azote	0,34
Acide phosphorique	0,16
Potasse	0,40
Chaux	0,31
Magnésie	0,11

Le poids d'un mètre cube variant entre 700 et 800 kilos, il contiendrait par mètre cube :

De 2,38 k à 2,72 k d'azote ;
— 1,12 à 1,28 d'acide phosphorique ;
— 2,80 à 3,20 de potasse ;
— 2,17 à 2,48 de chaux ;
— 0,77 à 0,88 de magnésie.

Du fumier indigène analysé au Laboratoire de Chimie de Saigon, a donné comme composition moyenne :

Humidité	73,05 %
Azote	0 26
Acide phosphorique	0,10
Potasse	0,26
Chaux	0,22
Magnésie	0,02

On voit que cette composition est inférieure à celle d'un fumier préparé avec soin. Le colon qui traitera avec l'indigène des achats de fumier devra s'assurer de sa bonne composition, car nous avons eu souvent à constater des fraudes consistant en addition de terre noire de rizière.

Un simple dosage des matières minérales suffira pour déceler cette fraude grossière.

FUMIER DE VERS A SOIE Cet engrais est composé des déjections des vers et des débris de végétaux provenant de leur nourriture. C'est un engrais riche en azote.

Voici sa composition :

Azote.	2,23 %
Acide phosphorique	1,02
Potasse	2,41
Chaux	3,46

Les indigènes le paient très cher : de 4 à 6 piastres la charette. Ils l'utilisent surtout dans la culture du bétel.

POUDRETTE DE DÉPOTOIR Ce sont des engrais possédant une valeur fertilisante trop faible pour supporter des frais de transport quelque peu élevés.

Ils sont généralement utilisés par les maraîchers voisins des centres populeux qui les produisent. Ce produit qui est le résultat de la décomposition des ordures ménagères et des bouages de la ville, contient une forte proportion de matières inertes. Il est livré au dépotoir après être passé à la claie ; son prix varie de 0 $ 90 à 1 $ 10 le mètre cube.

Il contient en moyenne :

Azote	0,27 %
Acide phosphorique	0,70
Potasse	1,62
Chaux	2,54
Magnésie	0,20
Sable	60,80

Il existe un autre produit de dépotoir beaucoup plus riche que le précédent qui est le résidu de la décantation dans des fosses absorbantes des produits des vidanges. La composition moyenne de cet engrais déterminé par de nombreuses analyses faites au Laboratoire de Chimie est la suivante :

Azote	2,44 %
Acide phosphorique	2,42
Potasse	0,80
Chaux	1,67
Magnésie	0,31

Ces engrais n'ont pas de prix bien déterminés ; celui-ci varie avec la demande. Ils se vendent à la charette prise au dépotoir et ne peuvent s'enlever qu'en saison sèche.

GUANOS DE CHAUVES-SOURIS

Ces guanos sont formés en majeure partie par les débris des insectes qui ont servi de nourriture aux chauves-souris, des déjections et des cadavres de ces dernières.

La composition de ces guanos varie avec l'état plus ou moins avancé des déjections et la quantité de terre qui y est mélangée.

On les rencontre en Cochinchine accumulés dans des grottes qui sont souvent inondées à l'époque des pluies. Les guanos ont alors perdu une grande partie de leurs principes fertilisants par suite de lavages répétés.

De nombreuses analyses ont été faites au laboratoire de ces guanos lavés provenant pour la plupart des grottes situées dans l'Est de la Cochinchine.

Leur composition varie dans les limites suivantes :

Azote.	0,78 à 2,39 %
Acide phosphorique. . .	0,41 à 2,33
Potasse	0,39 à 0,50
Chaux	0,17 à 0,60
Magnésie.	0,12 à 0,20

La composition d'un guano de chauve-souris n'ayant pas subi l'action de l'eau est toute différente. Un de ces guanos analysé pour le Service de l'Agriculture a donné :

Azote totale	7,00 %
Acide phosphorique	9,39
Potasse	1,63
Chaux	7,24
Magnésie	0,10

Jusqu'ici, les guanos de chauves-souris n'ont jamais fait l'objet d'un commerce bien important en Cochinchine ; quelques tractations ont eu lieu, il y a quelques années ; mais les exigences des vendeurs, vu la faible valeur de la marchandise, ont arrêté complètement l'essor de ce commerce.

GUANOS DE POISSONS Ceux-ci proviennent du Cambodge ou de la côte d'Annam. Les guanos de poissons de provenance du Cambodge sont d'excellents engrais.

Deux analyses en ont été faites, elles ont donné :

	1	2
Azote	6,87 %	8,55 %
Acide phosphorique . . .	9,08	8,95
Chaux	9,82	8,73

Ils se présentaient en poudre grossière et sèche. Ces guanos sont les résidus de l'extraction de la graisse de poissons des Grands Lacs ou du Mékong.

N'en ayant pas l'écoulement, les indigènes rejettent habituellement à l'eau tous ces résidus après l'extraction de la graisse. Des milliers de tonnes d'un engrais de tout premier ordre sont ainsi perdues chaque année pour notre agriculture.

Il est à souhaiter de voir une industrie européenne se créer au Cambodge pour le traitement et l'exploitation rationnelle de ces richesses.

En Norvège, les usines sont installées jusqu'au voisinage du Cap Nord dans le but de transformer ces résidus en engrais.

On y traite annuellement plus de 7 millions de mètres cubes de résidus de poissons qui sont envoyés en sacs sur les principaux marchés d'engrais de l'Europe.

Les poissons sont pressés à la presse hydraulique pour en extraire la majeure partie de l'huile et de l'eau ; puis ils subissent une cuisson à l'autoclave pour l'extraction de la gélatine; enfin, les résidus sont légèrement torréfiés sur des plaques chauffées, puis, après broyage et tamisage, ils sont livrés au commerce des engrais.

Les déchets de poissons provenant de la côte d'Annam sont les résidus de la fabrication du Nuoc-mam. Ils sont connus sous le nom de « **Xac-mam** ».

Ils se présentent sous forme d'une pâte malodorante d'un transport très difficile. Les fortes proportions de sel marin et de graisse qu'ils contiennent leur enlèvent une partie de leur valeur. Ils sont moins riches que les guanos du Cambodge.

Leur composition varie dans les limites suivantes :

Azote	1,80 à 2,40 %
Acide phosphorique . .	1,70 à 2,00

Ces produits gagneraient à être dégraissés, lessivés et séchés, ce qui faciliterait leur transport, augmenterait leur richesse et leur assimilation.

ASTÉRIES OU ÉTOILES DE MER Les échantillons que nous avons eu à examiner étaient composés par des corps entiers des animaux séchés. Ils contenaient :

Azote.	1,70 à 2,00 %
Acide phosphorique . .	0,20 à 0,35
Chaux	25,00 à 29,00

Le commerce des engrais de poissons a été jusqu'ici très peu important en Cochinchine ; il ne pourra se développer que lorsque, par des traitements appropriés, on aura rendu ces marchandises transportables.

POUDRE D'OS «Les os des abattoirs broyés et séchés donnent un engrais azoté et très phosphaté d'une réelle valeur. Un échantillon préparé à Saigon que nous avons eu à analyser contenait :

Azote	2,40 %
Acide phosphorique	17,00

2° Engrais d'origine végétale

TOURTEAUX Les tourteaux sont les résidus de la fabrication de l'huile. En Europe, ils sont généralement utilisés pour la nourriture des animaux et les principes fertilisants qu'ils contiennent retournent à la terre à l'état de fumier.

En Cochinchine, cet usage des tourteaux n'existe pas encore et ceux-ci sont utilisés seulement comme engrais.

Les tourteaux que le cultivateur peut se procurer sur place sont : les tourteaux de coprah, de ricin, de sésame, de coton, d'arachide, de colza, de soja, d'abrasin, de kapok et d'hévéa.

Leurs compositions sont indiquées dans le tableau ci-dessous :

COMPOSITION POUR CENT	AZOTE	ACIDE phosphorique	POTASSE	HUILE
Tourteaux de coprah	3,90	1,12	2,54	4,70
» de ricin brut.	3,67	1,60	1,12	8,25
» » décortiqué . . .	7,42	2,26	»	8,75
» de sésame.	6,34	2,03	1,45	9,70
» de coton brut	3,90	1,24	1,65	6,18
» » décorti ué . . .	6,55	3,05	1,58	16,40
» » cotonneux. . . .	3,20	1,60	»	6,20
» d'arachide brute	5,37	0.59	1,40	8.12
» » décortiqué . .	7,31	1,33	1,50	7,90
» de colza.	5.80	1.98	1,54	9,31
» de soja	6,51	1,27	2,07	6, 9
» de d'al rasin.	6,98	2,32	1,71	»
» de kapok.	6,39	1,28	2,24	»
» d'hévéa	4,97	1,71	1,21	14,13

L'huile n'est pas un élément fertilisant ; elle nuit, au contraire, à l'assimilation des engrais ; c'est à ce titre que nous l'avons indiquée dans ce tableau.

Les tourteaux se vendent au picul de 68 kilos.

Pris à Cholon, les tourteaux d'arachide valent actuellement 5$50 ; les tourteaux de coprah, 1 $ 00 ; ceux de sésame et de ricin, 4 $ 00 ;

Ces prix étaient sensiblement plus bas avant la guerre.

DRÈCHES DE DISTILLERIES Les drèches sont les résidus de la fabrication de l'alcool de grains.

La distillerie de Binhtay (Cholon) livre en sac aux planteurs des drèches séchées de riz, à des prix très avantageux.

Leur composition varie dans les limites suivantes :

Azote	de	6,85 à 8,10 %
Acide phosphorique . .	—	0,74 à 0,87
Potasse	—	0,20 à 0,25
Chaux	—	0,15 à 0,20
Graisse.		11,00 à 12,00

C'est, comme on le voit, un engrais essentiellement azoté et très pauvre en matières minérales. L'usage de ces drèches s'est répandu un peu chez les planteurs d'hévéa ; il serait à souhaiter de voir l'indigène l'utiliser dans les cultures du tabac et de la canne à sucre associé aux phosphates et à la cendre de bois.

Les distillateurs chinois livrent leurs drèches à l'état frais. C'est un produit qui n'est pas transportable et dont l'acidité est nuisible aux plantes. **Avant d'être utilisé, il devra séjourner longtemps en fosse où une fermentation prolongée aura pour effet de neutraliser l'acidité.**

La drèche fraîche a la composition suivante :

Humidité	81,50 %
Azote.	0,79
Acide phosphorique	0,26
Potasse	0,11
Chaux	0,02
Acidité (évaluée en acide sulfurique)	1,29

BALLE DE PADDY La composition de la balle de paddy varie dans les limites suivantes :

Humidité	de 7,00 à 11,56 %
Azote	— 0,31 à 0,38
Acide phosphorique . .	— 0,08 à 0,11
Potasse.	— 0,28 à 0,33
Chaux	— 0,06 à 0,08
Silice	— 16,13 à 17,80

La balle de paddy occupe un grand volume et, pour cette raison, ne peut supporter des frais de transport. L'indigène utilise de préférence les cendres qui contiennent :

Acide phosphorique . .	de 0,25 à 0,40 %
Potasse.	— 0,60 à 1,40
Chaux	— 0,30 à 0,45

BALAYURES DE RIZERIE ET POUSSIÈRES DE DÉCORTIQUERIE Ces produits que l'on trouve à des prix très modérés dans les décortiqueries de Cholon constituent d'excellents engrais.

Nous donnons ci-dessous leur composition au point de vue fertilisant :

COMPOSITION POUR CENT	BALAYURES de rizerie	POUSSIÈRES de décortiquerie
Azote	1,68	2,19
Acide phosphorique . . .	2,05	1,70
Potasse.	1,02	0,91
Chaux	0,11	0,17

Ce sont des engrais à **assimilation rapide et qu'on n'utilise pas assez.**

FEUILLES MORTES Ce sont des matières à utiliser sur place et dont la composition ne s'éloigne pas beaucoup de celle des pailles, supérieures cependant comme teneur en azote.

On doit les considérer moins au point de vue de leur apport en principes fertilisants que comme succédanés de la paille dans les pays pauvres.

Leur composition moyenne est la suivante :

Eau	15,00 %
Acide phosphorique	0,34
Azote	0,80
Potasse	0,28
Chaux	0,30

Les feuilles mortes et sèches d'hévéa contiennent :

Azote	1,14 %
Acide phosphorique	0,29
Potasse	0,46
Chaux	3,30

LUC-BINH Le luc-binh ou jacynthe d'eau envahit la plupart des cours d'eau de l'Ouest où elle entrave le service de la batellerie. Des échantillons de cette plante ont été envoyés à l'Ecole de papeterie de Limoges où des essais de fabrication de pâtes à papier ont été entrepris. Les résultats paraissent avoir été satisfaisants.

Le luc-binh peut trouver sur place même un emploi plus modeste comme engrais. Rejeté sur les berges des canaux et mis en tas, il y pourrit et donne ainsi un excellent composte Il ne nous a pas été donné d'analyser ce composte ; mais le laboratoire a fait plusieurs fois l'analyse de cette plante dont voici la composition :

Humidité	91,712
Matières minérales	3,777
Matières organiques	4,511
	100,000

	POURCENTAGE de la matière sèche	POURCENTAGE des cendres
Matières minérales	45;577	»
— azotées.	7,475	»
— organiq. nou azotées	46,948	»
	100,000	
Azote	1,197	
Silice	30,[illegible]34	66,336
Acide phosphorique . . .	0,267	0,586
Potasse.	2,148	4.713
Chaux	0,747	1,640
Magnésie	0,032	0,071
Soude	0,979	2,148
Alumine et oxyde de fer. .	10,100	22,159
Indéterminés.	1,070	2,347
		100,000

CENDRES DES VÉGÉTAUX Les cendres de végétaux constituent des engrais ne contenant que des principes minéraux.

Ils doivent leur valeur fertilisante à l'acide phosphorique, à la potasse, à la chaux et à la magnésie qu'elles contiennent. La pluie prolongée sur les cendres a pour effet de les lessiver et de leur enlever une partie des sels de potasse qu'elles contiennent. .

La teneur en principes fertilisants varie beaucoup suivant les essences et aussi suivant le sol où celles-ci ont végété.

Nous donnons ci-dessous les résultats de deux analyses faites au Laboratoire de Chimie de Saigon.

	1	2
Humidité	4,65	14,64 %
Potasse.	6,70	4 44
Acide phosphorique . . .	2,71	1,66
Chaux	16,56	27,87
Magnésie	5,58	1,70

Les cendres des bois de Cochinchine sont moins riches que celles des bois d'Europe qui varient selon les essences de 8 à 25 % de potasse, de 6 à 13 % d'acide phosphorique et de 20 à 50 % de chaux.

Une analyse de cendres de tranh (imperata cylindrica), la graminée qui envahit si fréquemment les terrains déboisés, a donné :

Potasse.	2,34 %
Acide phosphorique.	1,26
Chaux.	2,62
Magnésie.	1,49
Oxyde de fer et alumine. . . .	24,55
Silice.	53,46

La réaction des cendres végétales est alcaline. Cette alcalinité est due au carbonate de potasse. Pour cette raison, nous recommandons de ne jamais mélanger les cendres avec les fumiers ou avec des engrais contenant de l'azote à l'état ammoniacal. Les carbonates de potasse et de chaux des cendres agissant sur les combinaisons ammoniacales donnent naissance à du carbonate d'ammoniaque, sel qui est très volatil surtout à la température de 25 à 30° qui est celle de la Cochinchine.

ENGRAIS VERTS. Les plantes utilisées comme engrais verts devront de préférence être choisies parmi les légumineuses.

On devra attendre la floraison pour enterrer l'engrais vert ; c'est le moment où le végétal présente le plus grand développement ; passé la floraison, la plante devient dure et sa décomposition dans le sol est ralentie.

L'enfouissement devra être parfait. L'engrais vert donne des résultats plus rapides dans les terres légères et sableuses que dans les terres argileuses et compactes.

3° Engrais d'origine minérale

La colonie ne présente que peu de ressources naturelles en engrais minéraux. Les seuls utilisés à l'heure actuelle sont les phosphates naturels.

PHOSPHATES DE CHAUX NATURELS Le Tonkin possède plusieurs mines de phosphates de chaux dont certaines sont exploitées depuis quelques années et les produits fabriqués se trouvent actuellement dans le commerce. Avant la guerre, la tonne se vendait, à Saigon, de 20 à 32 piastres ; actuellement, elle se vend 40 piastres.

De nombreuses analyses de ces phosphates ont été faites au Laboratoire de Chimie. Nous en donnons ici quelques-unes.

COMPOSITION P. CENT	1	2	3	4	5
Acide phosphorique......	36,80	34,80	34,02	13,42	23,66
Phosphate de chaux correspondant..........	80,82	75,86	74,16	29,32	51,58

Comme on le voit, la composition de ces phosphates est assez variable et le colon devra exiger des vendeurs une garantie sur la teneur en phosphate ou en acide phosphorique, ainsi qu'une garantie de finesse du grain, celle-ci ayant une grande influence sur l'assimilabilité de l'acide phosphorique.

Il existe au Cambodge des mines de phosphates dont la richesse ne le cède en rien à celles des phosphates du Tonkin. Des tentatives d'exploitation ont été faites il y a quelques années. Elles ont échoué, les communications avec les voies fluviales manquant totalement.

Nous donnons ci-dessous quelques analyses de ces phosphates :

COMPOSITION P. CENT	1	2	3	4	5	6
Acide phosphorique . .	29,93	25,84	34,09	38,25	35,69	37,87
Phosphate de chaux correspondant.	65,34	56,41	74,42	83,50	77,91	82,80

Les phosphates naturels devront de préférence être employés au mélange avec des engrais organiques. Un bon moyen de les utiliser est de les semer journellement sur le tas de fumier. Cette pratique aura pour effet d'augmenter l'assimilabilité de l'acide phosphorique.

Nous terminerons cette notice en donnant quelques renseignements sur la composition moyenne des autres engrais minéraux que le cultivateur devra demander à l'importation.

Engrais azotés

NITRATE DE SOUDE Est habituellement mélangé d'impuretés, se présente avec une coloration plus ou moins brunâtre et sous un aspect sale. Il est déliquescent et, pour cette raison, ne pourra jamais être importé avantageusement en Cochinchine. D'une assimilation très rapide.

Sa composition moyenne est de 94 à 97 % de nitrate de soude soit une moyenne de 95,50 correspondant à une teneur en azote de 15,7 %. Le commerce vend habituellement avec une garantie de 15 à 16 % d'azote.

NITRATE DE POTASSE L'agriculture n'utilise que le produit brut. C'est un engrais d'une grande puissance.

Les produits que l'on trouve habituellement dans le commerce titrent 92 % de nitrate de potasse, ce qui correspond à une teneur en azote nitrique de 12,75 % et à une teneur en potasse de 42,80 %.

SULFATE D'AMMONIAQUE Ce sel contient de 20 à 21 % d'azote ammoniacal, il se présente sous un aspect cristallin, mais sale. C'est un engrais très actif.

CYANAMIDE La cyanamide est une combinaison du carbure de calcium avec l'azote. C'est un engrais synthétique. Sa teneur en azote est très élevée, 19 à 21 %. On la trouve dans le commerce sur place où elle est vendue sur base de 19 à 21 % d'azote. Elle est livrée sous forme granulée, ce qui la rend plus facile à l'emploi.

Cet engrais est toxique pour les plantes et demande à être semé avant emblavement.

Sur la condition pratique de son emploi en agriculture, on a fait des essais qui rendent la cyanamide susceptible d'être répandue sans danger au moment des semailles. C'est le procédé Mazé. Il consiste à faire un mélange de cyanamide finement pulvérisée de tourbe et des sels minéraux nécessaires pour réaliser un milieu nutritif complet. On ensemence le mélange avec les espèces microbiennes les mieux adaptées à la fermentation de la cyanamide (groupe des B. lactis cérogènes et cloacoe).

L'auteur du procédé ajoute que ce mélange fertilisant assure les rendements les plus élevés qu'un sol puisse produire.

La cyanamide se trouve maintenant dans le commerce sur place. Elle est vendue de 720 à 800 francs selon son titre.

Engrais phosphatés

SUPERPHOSPHATES MINÉRAUX

Il existe une grande diversité de composition dans les superphosphates commerciaux. Dans ces engrais, l'acide phosphorique se présente sous trois formes :

1° L'acide phosphorique soluble dans l'eau qui est le plus estimé, son assimilation étant rapide ;

2° L'acide phosphorique à l'état de phosphate rétrogradé, insoluble dans l'eau, mais soluble dans le citrate d'ammoniaque ammoniacal. Il est le produit d'une réaction secondaire ultérieure à la fabrication ;

3° L'acide phosphorique resté en combinaison tricalcique insoluble dans l'eau et dans le citrate d'ammoniaque.

Dans les superphosphates, on n'attribue une valeur commerciale qu'à l'acide phosphorique soluble dans l'eau et dans le citrate d'ammoniaque.

Les superphosphates devront toujours être achetés sur analyse avec garantie d'un minimum d'acide phosphorique soluble dans l'eau fixée en général au 2/3 de la teneur totale.

SCORIES DE DÉPHOSPHORATION

C'est un sous-produit de la fabrication des aciers. On les connaît aussi sous le nom de « **phosphate Thomas** ». Elles se présentent en poudre impalpable d'une couleur grise.

Leur composition varie de 12 à 18 % d'acide phosphorique dont une partie soluble au citrate d'ammoniaque. La teneur en chaux de ces produits est voisine de 40 %.

PHOSPHAZOTE Il existe dans le commerce un produit synthétique connu sous le nom de phosphazote qui est une combinaison du phosphore et de l'azote. On n'a pas encore de données bien précises sur son emploi en agriculture coloniale.

Engrais potassiques

SULFATE DE POTASSE Le sulfate de potasse du commerce n'est jamais pur ; il titre ordinairement de 80 à 90 % de sulfate réel correspondant à une teneur en potasse de 43,20 à 48,60 %.

Il est souvent fraudé avec du sel marin. L'analyse du produit acheté s'impose.

CHLORURE DE POTASSIUM C'est un produit cristallisé contenant de 80 à 95 % de sel pur correspondant à une teneur en potasse de 50,47 à 59,93 %. En ce qui concerne la fraude, mêmes observations que pour le sulfate de potasse.

SYLVINITE C'est le produit brut retiré des mines de potasse d'Alsace. Sa teneur en potasse est très variable (de 12 à 22 %) combinée au chlore et à l'acide sulfurique.

On trouve maintenant la sylvinite sur place, son prix est de 750 fr. la tonne pour un titre en potasse de 41 à 42 % et 900 fr. pour un titre de 51 %. La marchandise est livrée en sac de 100 kilogrammes ».

Mélange des engrais

Dans le but de diminuer les frais culturaux, on a quelquefois avantage à faire des mélanges d'engrais différents qui sont ainsi appliqués en une seule fois.

Pour faire ces mélanges, il y a souvent des règles à observer.

Par exemple, on peut mélanger sans inconvénient les nitrates de soude et de potasse avec les sulfates ou chlorure de potassium ; alors qu'on aura une perte sensible d'azote si on mélange du sulfate d'ammoniaque avec du phosphate naturel, ce dernier contenant toujours du carbonate de chaux qui formera du carbonate d'ammoniaque fort volatil.

Voici les mélanges qui peuvent être faits sans risque de perte d'éléments fertilisants

1° Superphosphates de chaux et sels de potasse.		
2°	—	tourteaux divers.
3°	—	fumier
4°	—	sulfate d'ammoniaque.
5°	—	nitrate de soude.
6°	—	cornes moulues, sang desséché, tourbes, déchets organiques d'industries diverses.
7°	—	engrais organiques divers tels que tourteaux, sang, peaux, cornes, etc...
8°	—	sels de potasse divers.

Il faudra éviter de mélanger la chaux ou le carbonate de chaux avec tous les engrais contenant de l'ammoniaque combinée tels que fumiers, sulfate d'ammoniaque, etc. .

Enfin, nous recommandons de ne pas mélanger les nitrates de potasse et de soude avec des engrais organiques, car le mélange à la suite d'échauffement en sacs risque de prendre feu.

www.ingramcontent.com/pod-product-compliance
Ingram Content Group UK Ltd.
Pitfield, Milton Keynes, MK11 3LW, UK
UKHW021958260726
13994UKWH00004B/1823

9 782329 043470